Achtsamkeitstagebuch: Die Grundlagen

Wir leben in einer schnelllebigen Gesells[illegible] uns oft das Gefühl verleiht, unser Leben bestehe nur noch aus Ab[illegible] Hausarbeit, Besorgungen und Pflichten. Und wenn wir uns end[illegible] Minuten Ruhe gönnen, verbringen wir oft diese Zeit in s[illegible] der vor dem Fernseher. Mit all den verschiedenen Stim[illegible], vergessen wir manchmal, uns ein paar ruhige Momen[illegible] auf unsere eigene Stimme zu hören. Bei Achtsamkeit g[illegible]enwart und die Verfasstheit des eigenen Körpers und Ge[illegible] wird durch Dankbarkeitsausübung, Meditation, Atemübungen u[illegible] Geistesgegenwart erreicht. Ein paar aktive Minuten der Achtsamke[illegible]ung pro Tag reichen völlig aus, um das Stressniveau zu senken, besser zu [illegible]lafen, und auch die Höhen und Tiefen des Lebens besser zu bewältigen.

WIE WIRD DIESES TAGEBUCH ANGEWENDET:

Jede Doppelseite bietet genügend Platz für mehrere Achtsamkeitsübungen, die in nur einigen Minuten täglich durchgeführt werden können. Beginne mit einer Liste von drei Dingen, für die du dankbar bist. Es können kleine Dinge sein, wie eine Tasse deines bevorzugten Chai Tees, oder große, wie ein Jubiläum oder eine Beförderung.

Wende dann diese Dankbarkeit nach Außen und nenne drei Dinge oder Personen, denen du Liebe schenkst. Es können deine Mutter oder der Briefträger sein, aber auch dein Hund. Du kannst auch deine Liebe mehreren Leuten schenken, die zum Beispiel irgendwo auf der Welt leiden.

Nimm dir danach ein paar Minuten Zeit für die sensorische Wahrnehmung. Notiere einen der folgenden Sinne, der dir kürzlich Freude gebracht haben: Berührung (flauschige Hausschuhe), Geruch (frisch gemähtes Gras), Geschmack (selbstgebackenes Sauerteigbrot), Gehör (zwitschernde Vögel vor deinem Fenster), Sehen (deine schlafende Katze). Diese Übung ist der Grundsatz der Dankbarkeit und erinnert dich daran, dass Schönheit in jedem Augenblick des Tages steckt.

Gib dir Mühe, jeden Tag ein paar Minuten Tiefatmungsübungen durchzuführen oder zu meditieren. Es gibt tolle Apps für geführte Meditation, die dir in der Ausübung helfen werden oder Hintergrundgeräusche während deiner Übung spielen können (z. B. ein rauschender Bach, der Regen auf einem Dach). Manche finden es hilfreich, ein Mantra im Kopf zu wiederholen, wie zum Beispiel: „Ich atme Licht ein, ich atme Liebe aus".

Verbringe schließlich fünf Minuten mit Tagebucheintragungen wie im Gedankenflug. Was auch immer du gerade fühlst, ob mental, physisch, oder spirituell, schreib es nieder! Diese Art der Freistileintragung fördert erwiesenermaßen einen gegenwärtigeren und dankbareren Geist, mindert Ängste und unterstützt eine friedliche Einstellung.

DATUM: ______ Mo Di Mi Do Fr Sa So

ICH BIN DANKBAR FÜR:

1. ______

2. ______

3. ______

Sensorische Wahrnehmung

WEM SCHENKE ICH LIEBE:

______

______

______

× × × × × × × × × × ×

HEUTE NAHM ICH WAHR:

BERÜHRUNG ______

GERUCH ______

GESCHMACK ______

GEHÖR ______

SEHEN ______

EINFACH NUR ATMEN

Meditation und tiefe Atmung

Meditation / Tiefenatmungsübung: ______ Minuten

☐ Geführt ☐ In Stille ☐ Hintergrundgeräusche / Musik ______

☐ Mit Mantra ______

☐ Ohne Mantra

Wie ich mich davor fühlte (kennzeichne mit einem X auf der Skala) und mein Zustand danach (kennzeichne mit einem O auf der Skala)

Physisch 0 ______ 10

Mental 0 ______ 10

Sei im Hier und Jetzt

Nimm 3 bis 5 Minuten und schreibe nieder, was gerade auf deinem Herzen liegt oder dir gerade einfällt. Schreibe wie im Gedankenflug und lass jegliche Beurteilung beiseite. Falls du gerade steckst, schreibe einfach die Geräusche auf, die du gerade hörst, die Dinge, die du siehst, die Gefühle, die du gerade empfindest.

DATUM: ______ Mo Di Mi Do Fr Sa So

ICH BIN DANKBAR FÜR:

1. ______

2. ______

3. ______

Sensorische Wahrnehmung

WEM SCHENKE ICH LIEBE:

______

______

______

× × × × × × × × × × ×

HEUTE NAHM ICH WAHR:

BERÜHRUNG ______

GERUCH ______

GESCHMACK ______

GEHÖR ______

SEHEN ______

EINFACH NUR ATMEN

Meditation und tiefe Atmung

Meditation / Tiefenatmungsübung: ______ Minuten

☐ Geführt ☐ In Stille ☐ Hintergrundgeräusche / Musik ______

☐ Mit Mantra ______

☐ Ohne Mantra

Wie ich mich davor fühlte (kennzeichne mit einem X auf der Skala) und mein Zustand danach (kennzeichne mit einem O auf der Skala)

Physisch 0 ______ 10

Mental 0 ______ 10

Sei im Hier und Jetzt

Nimm 3 bis 5 Minuten und schreibe nieder, was gerade auf deinem Herzen liegt oder dir gerade einfällt. Schreibe wie im Gedankenflug und lass jegliche Beurteilung beiseite. Falls du gerade steckst, schreibe einfach die Geräusche auf, die du gerade hörst, die Dinge, die du siehst, die Gefühle, die du gerade empfindest.

DATUM: ______________ Mo Di Mi Do Fr Sa So

ICH BIN DANKBAR FÜR:

1. ______________

2. ______________

3. ______________

Sensorische Wahrnehmung

WEM SCHENKE ICH LIEBE:

____

____

____

× × × × × × × × × × ×

HEUTE NAHM ICH WAHR:

BERÜHRUNG ______________

GERUCH ______________

GESCHMACK ______________

GEHÖR ______________

SEHEN ______________

EINFACH NUR ATMEN

Meditation und tiefe Atmung

Meditation / Tiefenatmungsübung: ______ Minuten

☐ Geführt ☐ In Stille ☐ Hintergrundgeräusche / Musik ______________

☐ Mit Mantra ______________

☐ Ohne Mantra

Wie ich mich davor fühlte (kennzeichne mit einem X auf der Skala) und mein Zustand danach (kennzeichne mit einem O auf der Skala)

Physisch 0 ______________ 10

Mental 0 ______________ 10

Sei im Hier und Jetzt

Nimm 3 bis 5 Minuten und schreibe nieder, was gerade auf deinem Herzen liegt oder dir gerade einfällt. Schreibe wie im Gedankenflug und lass jegliche Beurteilung beiseite. Falls du gerade steckst, schreibe einfach die Geräusche auf, die du gerade hörst, die Dinge, die du siehst, die Gefühle, die du gerade empfindest.

DATUM: ________ Mo Di Mi Do Fr Sa So

ICH BIN DANKBAR FÜR:

1. ________

2. ________

3. ________

Sensorische Wahrnehmung

WEM SCHENKE ICH LIEBE:

____

____

____

× × × × × × × × × × ×

HEUTE NAHM ICH WAHR:

BERÜHRUNG ________

GERUCH ________

GESCHMACK ________

GEHÖR ________

SEHEN ________

EINFACH NUR ATMEN

Meditation und tiefe Atmung

Meditation / Tiefenatmungsübung: ______ Minuten

☐ Geführt ☐ In Stille ☐ Hintergrundgeräusche / Musik ________

☐ Mit Mantra ________

☐ Ohne Mantra

Wie ich mich davor fühlte (kennzeichne mit einem X auf der Skala) und mein Zustand danach (kennzeichne mit einem O auf der Skala)

Physisch 0 ________ 10

Mental 0 ________ 10

Sei im Hier und Jetzt

Nimm 3 bis 5 Minuten und schreibe nieder, was gerade auf deinem Herzen liegt oder dir gerade einfällt. Schreibe wie im Gedankenflug und lass jegliche Beurteilung beiseite. Falls du gerade steckst, schreibe einfach die Geräusche auf, die du gerade hörst, die Dinge, die du siehst, die Gefühle, die du gerade empfindest.

DATUM: ______________ Mo Di Mi Do Fr Sa So

ICH BIN DANKBAR FÜR:

1. ______________

2. ______________

3. ______________

Sensorische Wahrnehmung

WEM SCHENKE ICH LIEBE:

____

____

____

X X X X X X X X X X X

HEUTE NAHM ICH WAHR:

BERÜHRUNG ______________

GERUCH ______________

GESCHMACK ______________

GEHÖR ______________

SEHEN ______________

EINFACH NUR ATMEN

Meditation und tiefe Atmung

Meditation / Tiefenatmungsübung: ______ Minuten

☐ Geführt ☐ In Stille ☐ Hintergrundgeräusche / Musik ______________

☐ Mit Mantra ______________

☐ Ohne Mantra

Wie ich mich davor fühlte (kennzeichne mit einem X auf der Skala) und mein Zustand danach (kennzeichne mit einem O auf der Skala)

Physisch 0 ______________ 10

Mental 0 ______________ 10

Sei im Hier und Jetzt

Nimm 3 bis 5 Minuten und schreibe nieder, was gerade auf deinem Herzen liegt oder dir gerade einfällt. Schreibe wie im Gedankenflug und lass jegliche Beurteilung beiseite. Falls du gerade steckst, schreibe einfach die Geräusche auf, die du gerade hörst, die Dinge, die du siehst, die Gefühle, die du gerade empfindest.

*Wer die kleinen Dinge
im Leben schätzt,
kann wunderschöne
Momente schaffen.*

Ein achtsamer Moment

Versuche, deinen ganzen Körper wahrzunehmen, vom Haaransatz bis hin zu deinen Fußspitzen, und beschreibe, was du dabei fühlst. Wo bildet sich die Spannung? Wie fühlt es sich an, wenn die Spannung nachlässt, Körperteil für Körperteil? Wie fühlt sich deine Atmung an, wenn du ein- und ausatmest?

DATUM: ____________ Mo Di Mi Do Fr Sa So

ICH BIN DANKBAR FÜR:

1. ____________

2. ____________

3. ____________

Sensorische Wahrnehmung

WEM SCHENKE ICH LIEBE:

____

____

____

× × × × × × × × × × ×

HEUTE NAHM ICH WAHR:

BERÜHRUNG ____________

GERUCH ____________

GESCHMACK ____________

GEHÖR ____________

SEHEN ____________

EINFACH NUR ATMEN

Meditation und tiefe Atmung

Meditation / Tiefenatmungsübung: ______ Minuten

☐ Geführt ☐ In Stille ☐ Hintergrundgeräusche / Musik ____________

☐ Mit Mantra ____________

☐ Ohne Mantra

Wie ich mich davor fühlte (kennzeichne mit einem X auf der Skala) und mein Zustand danach (kennzeichne mit einem O auf der Skala)

Physisch 0 ____________ 10

Mental 0 ____________ 10

Sei im Hier und Jetzt

Nimm 3 bis 5 Minuten und schreibe nieder, was gerade auf deinem Herzen liegt oder dir gerade einfällt. Schreibe wie im Gedankenflug und lass jegliche Beurteilung beiseite. Falls du gerade steckst, schreibe einfach die Geräusche auf, die du gerade hörst, die Dinge, die du siehst, die Gefühle, die du gerade empfindest.

DATUM: ________ Mo Di Mi Do Fr Sa So

ICH BIN DANKBAR FÜR:

1. ________

2. ________

3. ________

Sensorische Wahrnehmung

WEM SCHENKE ICH LIEBE:

____

____

____

× × × × × × × × × × ×

HEUTE NAHM ICH WAHR:

BERÜHRUNG ________

GERUCH ________

GESCHMACK ________

GEHÖR ________

SEHEN ________

EINFACH NUR ATMEN

Meditation und tiefe Atmung

Meditation / Tiefenatmungsübung: ______ Minuten

☐ Geführt ☐ In Stille ☐ Hintergrundgeräusche / Musik ________

☐ Mit Mantra ________

☐ Ohne Mantra

Wie ich mich davor fühlte (kennzeichne mit einem X auf der Skala) und mein Zustand danach (kennzeichne mit einem O auf der Skala)

Physisch 0 ________ 10

Mental 0 ________ 10

Sei im Hier und Jetzt

Nimm 3 bis 5 Minuten und schreibe nieder, was gerade auf deinem Herzen liegt oder dir gerade einfällt. Schreibe wie im Gedankenflug und lass jegliche Beurteilung beiseite. Falls du gerade steckst, schreibe einfach die Geräusche auf, die du gerade hörst, die Dinge, die du siehst, die Gefühle, die du gerade empfindest.

DATUM: ______________ Mo Di Mi Do Fr Sa So

ICH BIN DANKBAR FÜR:

1. ______________

2. ______________

3. ______________

Sensorische Wahrnehmung

WEM SCHENKE ICH LIEBE:

____

____

____

X X X X X X X X X X X

HEUTE NAHM ICH WAHR:

BERÜHRUNG ______________

GERUCH ______________

GESCHMACK ______________

GEHÖR ______________

SEHEN ______________

EINFACH NUR ATMEN

Meditation und tiefe Atmung

Meditation / Tiefenatmungsübung: ______ Minuten

☐ Geführt ☐ In Stille ☐ Hintergrundgeräusche / Musik ______________

☐ Mit Mantra ______________

☐ Ohne Mantra

Wie ich mich davor fühlte (kennzeichne mit einem X auf der Skala) und mein Zustand danach (kennzeichne mit einem O auf der Skala)

Physisch 0 ______________ 10

Mental 0 ______________ 10

Sei im Hier und Jetzt

Nimm 3 bis 5 Minuten und schreibe nieder, was gerade auf deinem Herzen liegt oder dir gerade einfällt. Schreibe wie im Gedankenflug und lass jegliche Beurteilung beiseite. Falls du gerade steckst, schreibe einfach die Geräusche auf, die du gerade hörst, die Dinge, die du siehst, die Gefühle, die du gerade empfindest.

DATUM: .... Mo Di Mi Do Fr Sa So

ICH BIN DANKBAR FÜR:

1. ....

2. ....

3. ....

Sensorische Wahrnehmung

WEM SCHENKE ICH LIEBE:

....

....

....

× × × × × × × × × × ×

HEUTE NAHM ICH WAHR:

BERÜHRUNG ....

GERUCH ....

GESCHMACK ....

GEHÖR ....

SEHEN ....

EINFACH NUR ATMEN

Meditation und tiefe Atmung

Meditation / Tiefenatmungsübung: ______ Minuten

☐ Geführt ☐ In Stille ☐ Hintergrundgeräusche / Musik ....

☐ Mit Mantra ....

☐ Ohne Mantra

Wie ich mich davor fühlte (kennzeichne mit einem X auf der Skala) und mein Zustand danach (kennzeichne mit einem O auf der Skala)

Physisch 0 10

Mental 0 10

Sei im Hier und Jetzt

Nimm 3 bis 5 Minuten und schreibe nieder, was gerade auf deinem Herzen liegt oder dir gerade einfällt. Schreibe wie im Gedankenflug und lass jegliche Beurteilung beiseite. Falls du gerade steckst, schreibe einfach die Geräusche auf, die du gerade hörst, die Dinge, die du siehst, die Gefühle, die du gerade empfindest.

DATUM: .... Mo Di Mi Do Fr Sa So

ICH BIN DANKBAR FÜR:

1. ....

2. ....

3. ....

Sensorische Wahrnehmung

WEM SCHENKE ICH LIEBE:

....

....

....

X X X X X X X X X X X

HEUTE NAHM ICH WAHR:

BERÜHRUNG ....

GERUCH ....

GESCHMACK ....

GEHÖR ....

SEHEN ....

EINFACH NUR ATMEN

Meditation und tiefe Atmung

Meditation / Tiefenatmungsübung: ______ Minuten

☐ Geführt ☐ In Stille ☐ Hintergrundgeräusche / Musik ....

☐ Mit Mantra ....

☐ Ohne Mantra

Wie ich mich davor fühlte (kennzeichne mit einem X auf der Skala) und mein Zustand danach (kennzeichne mit einem O auf der Skala)

Physisch 0 10

Mental 0 10

Sei im Hier und Jetzt

Nimm 3 bis 5 Minuten und schreibe nieder, was gerade auf deinem Herzen liegt oder dir gerade einfällt. Schreibe wie im Gedankenflug und lass jegliche Beurteilung beiseite. Falls du gerade steckst, schreibe einfach die Geräusche auf, die du gerade hörst, die Dinge, die du siehst, die Gefühle, die du gerade empfindest.

Wir können kontrollieren,
was in diesem
Augenblick geschieht.

Ein achtsamer Moment

Überlege dir zumindest zehn verschiedene Mantras, die dir möglicherweise während der Meditation oder den Tiefatmungsübungen helfen werden. Hier sind ein paar Beispiele zum Beginn: Ich bin in diesem Augenblick zufrieden. Ich bin würdig und genug, genauso wie ich bin. Ich bin dankbar für das, was mir gegeben wurde. Ich bin genau dort, wo ich sein soll. Wenn ich meine Gedanken zum Schweigen bringe, höre ich meinem Herzen zu.

DATUM: ______ Mo Di Mi Do Fr Sa So

ICH BIN DANKBAR FÜR:

1. ______

2. ______

3. ______

Sensorische Wahrnehmung

WEM SCHENKE ICH LIEBE:

______

______

______

X X X X X X X X X X X

HEUTE NAHM ICH WAHR:

BERÜHRUNG ______

GERUCH ______

GESCHMACK ______

GEHÖR ______

SEHEN ______

EINFACH NUR ATMEN

Meditation und tiefe Atmung

Meditation / Tiefenatmungsübung: ______ Minuten

☐ Geführt ☐ In Stille ☐ Hintergrundgeräusche / Musik ______

☐ Mit Mantra ______

☐ Ohne Mantra

Wie ich mich davor fühlte (kennzeichne mit einem X auf der Skala) und mein Zustand danach (kennzeichne mit einem O auf der Skala)

Physisch 0 ______ 10

Mental 0 ______ 10

Sei im Hier und Jetzt

Nimm 3 bis 5 Minuten und schreibe nieder, was gerade auf deinem Herzen liegt oder dir gerade einfällt. Schreibe wie im Gedankenflug und lass jegliche Beurteilung beiseite. Falls du gerade steckst, schreibe einfach die Geräusche auf, die du gerade hörst, die Dinge, die du siehst, die Gefühle, die du gerade empfindest.

DATUM: .... Mo Di Mi Do Fr Sa So

ICH BIN DANKBAR FÜR:

1. ....

2. ....

3. ....

Sensorische Wahrnehmung

WEM SCHENKE ICH LIEBE:

....

....

....

X X X X X X X X X X X

HEUTE NAHM ICH WAHR:

BERÜHRUNG ....

GERUCH ....

GESCHMACK ....

GEHÖR ....

SEHEN ....

EINFACH NUR ATMEN

Meditation und tiefe Atmung

Meditation / Tiefenatmungsübung: ______ Minuten

☐ Geführt ☐ In Stille ☐ Hintergrundgeräusche / Musik ....

☐ Mit Mantra ....

☐ Ohne Mantra

Wie ich mich davor fühlte (kennzeichne mit einem X auf der Skala) und mein Zustand danach (kennzeichne mit einem O auf der Skala)

Physisch 0 10

Mental 0 10

Sei im Hier und Jetzt

Nimm 3 bis 5 Minuten und schreibe nieder, was gerade auf deinem Herzen liegt oder dir gerade einfällt. Schreibe wie im Gedankenflug und lass jegliche Beurteilung beiseite. Falls du gerade steckst, schreibe einfach die Geräusche auf, die du gerade hörst, die Dinge, die du siehst, die Gefühle, die du gerade empfindest.

DATUM: ______ Mo Di Mi Do Fr Sa So

ICH BIN DANKBAR FÜR:

1. ______

2. ______

3. ______

Sensorische Wahrnehmung

WEM SCHENKE ICH LIEBE:

______

______

______

X X X X X X X X X X X

HEUTE NAHM ICH WAHR:

BERÜHRUNG ______

GERUCH ______

GESCHMACK ______

GEHÖR ______

SEHEN ______

EINFACH NUR ATMEN

Meditation und tiefe Atmung

Meditation / Tiefenatmungsübung: ______ Minuten

☐ Geführt ☐ In Stille ☐ Hintergrundgeräusche / Musik ______

☐ Mit Mantra ______

☐ Ohne Mantra

Wie ich mich davor fühlte (kennzeichne mit einem X auf der Skala) und mein Zustand danach (kennzeichne mit einem O auf der Skala)

Physisch 0 ______ 10

Mental 0 ______ 10

Sei im Hier und Jetzt

Nimm 3 bis 5 Minuten und schreibe nieder, was gerade auf deinem Herzen liegt oder dir gerade einfällt. Schreibe wie im Gedankenflug und lass jegliche Beurteilung beiseite. Falls du gerade steckst, schreibe einfach die Geräusche auf, die du gerade hörst, die Dinge, die du siehst, die Gefühle, die du gerade empfindest.

DATUM: ______ Mo Di Mi Do Fr Sa So

ICH BIN DANKBAR FÜR:

1. ______

2. ______

3. ______

Sensorische Wahrnehmung

WEM SCHENKE ICH LIEBE:

______

______

______

× × × × × × × × × × ×

HEUTE NAHM ICH WAHR:

BERÜHRUNG ______

GERUCH ______

GESCHMACK ______

GEHÖR ______

SEHEN ______

EINFACH NUR ATMEN

Meditation und tiefe Atmung

Meditation / Tiefenatmungsübung: ______ Minuten

☐ Geführt ☐ In Stille ☐ Hintergrundgeräusche / Musik ______

☐ Mit Mantra ______

☐ Ohne Mantra

Wie ich mich davor fühlte (kennzeichne mit einem X auf der Skala) und mein Zustand danach (kennzeichne mit einem O auf der Skala)

Physisch 0 ______ 10

Mental 0 ______ 10

Sei im Hier und Jetzt

Nimm 3 bis 5 Minuten und schreibe nieder, was gerade auf deinem Herzen liegt oder dir gerade einfällt. Schreibe wie im Gedankenflug und lass jegliche Beurteilung beiseite. Falls du gerade steckst, schreibe einfach die Geräusche auf, die du gerade hörst, die Dinge, die du siehst, die Gefühle, die du gerade empfindest.

DATUM: ________ Mo Di Mi Do Fr Sa So

ICH BIN DANKBAR FÜR:

1. ________

2. ________

3. ________

Sensorische Wahrnehmung

WEM SCHENKE ICH LIEBE:

____

____

____

X X X X X X X X X X X

HEUTE NAHM ICH WAHR:

BERÜHRUNG ________

GERUCH ________

GESCHMACK ________

GEHÖR ________

SEHEN ________

EINFACH NUR ATMEN

Meditation und tiefe Atmung

Meditation / Tiefenatmungsübung: ______ Minuten

☐ Geführt ☐ In Stille ☐ Hintergrundgeräusche / Musik ________

☐ Mit Mantra ________

☐ Ohne Mantra

Wie ich mich davor fühlte (kennzeichne mit einem X auf der Skala) und mein Zustand danach (kennzeichne mit einem O auf der Skala)

Physisch 0 ________ 10

Mental 0 ________ 10

Sei im Hier und Jetzt

Nimm 3 bis 5 Minuten und schreibe nieder, was gerade auf deinem Herzen liegt oder dir gerade einfällt. Schreibe wie im Gedankenflug und lass jegliche Beurteilung beiseite. Falls du gerade steckst, schreibe einfach die Geräusche auf, die du gerade hörst, die Dinge, die du siehst, die Gefühle, die du gerade empfindest.

Versuche nicht, den Sturm zu beruhigen und anzuhalten. Der Sturm wird vorüberziehen. Versuche, deine Gedanken zu beruhigen.

Ein achtsamer Moment

Nimm aus deiner Speisekammer ein Lebensmittel mit interessanten Merkmalen, wie zum Beispiel eine Kiwi, ein paar Rosinen oder eine Pistazie. Schreibe nun alles darüber auf, als wäre es das allererste Mal, dass du es siehst. Wie sieht es aus? Wie riecht es? Wie schmeckt es? Womit könntest du es vergleichen? Diese Übung ist eine tolle Einführung in die Achtsamkeit, da sie den Fokus auf Alltagsgegenstände lenkt, die man sonst außer Acht lässt. Bei Achtsamkeit geht es darum, absichtlich auf jeden Augenblick jeden Tages zu achten.

DATUM: ______ Mo Di Mi Do Fr Sa So

ICH BIN DANKBAR FÜR:

1. ______

2. ______

3. ______

Sensorische Wahrnehmung

WEM SCHENKE ICH LIEBE:

______

______

______

x x x x x x x x x x x

HEUTE NAHM ICH WAHR:

BERÜHRUNG ______

GERUCH ______

GESCHMACK ______

GEHÖR ______

SEHEN ______

EINFACH NUR ATMEN

Meditation und tiefe Atmung

Meditation / Tiefenatmungsübung: ______ Minuten

☐ Geführt ☐ In Stille ☐ Hintergrundgeräusche / Musik ______

☐ Mit Mantra ______

☐ Ohne Mantra

Wie ich mich davor fühlte (kennzeichne mit einem X auf der Skala) und mein Zustand danach (kennzeichne mit einem O auf der Skala)

Physisch 0 ______ 10

Mental 0 ______ 10

Sei im Hier und Jetzt

Nimm 3 bis 5 Minuten und schreibe nieder, was gerade auf deinem Herzen liegt oder dir gerade einfällt. Schreibe wie im Gedankenflug und lass jegliche Beurteilung beiseite. Falls du gerade steckst, schreibe einfach die Geräusche auf, die du gerade hörst, die Dinge, die du siehst, die Gefühle, die du gerade empfindest.

DATUM: ________ Mo Di Mi Do Fr Sa So

ICH BIN DANKBAR FÜR:

1. ________

2. ________

3. ________

Sensorische Wahrnehmung

WEM SCHENKE ICH LIEBE:

____

____

____

X X X X X X X X X X X

HEUTE NAHM ICH WAHR:

BERÜHRUNG ________

GERUCH ________

GESCHMACK ________

GEHÖR ________

SEHEN ________

EINFACH NUR ATMEN

Meditation und tiefe Atmung

Meditation / Tiefenatmungsübung: ______ Minuten

☐ Geführt ☐ In Stille ☐ Hintergrundgeräusche / Musik ________

☐ Mit Mantra ________

☐ Ohne Mantra

Wie ich mich davor fühlte (kennzeichne mit einem X auf der Skala) und mein Zustand danach (kennzeichne mit einem O auf der Skala)

Physisch 0 ________ 10

Mental 0 ________ 10

Sei im Hier und Jetzt

Nimm 3 bis 5 Minuten und schreibe nieder, was gerade auf deinem Herzen liegt oder dir gerade einfällt. Schreibe wie im Gedankenflug und lass jegliche Beurteilung beiseite. Falls du gerade steckst, schreibe einfach die Geräusche auf, die du gerade hörst, die Dinge, die du siehst, die Gefühle, die du gerade empfindest.

DATUM: ______________ Mo Di Mi Do Fr Sa So

ICH BIN DANKBAR FÜR:

1. ______________

2. ______________

3. ______________

Sensorische Wahrnehmung

WEM SCHENKE ICH LIEBE:

____

____

____

X X X X X X X X X X X

HEUTE NAHM ICH WAHR:

BERÜHRUNG ______________

GERUCH ______________

GESCHMACK ______________

GEHÖR ______________

SEHEN ______________

EINFACH NUR ATMEN

Meditation und tiefe Atmung

Meditation / Tiefenatmungsübung: ______ Minuten

☐ Geführt ☐ In Stille ☐ Hintergrundgeräusche / Musik ______________

☐ Mit Mantra ______________

☐ Ohne Mantra

Wie ich mich davor fühlte (kennzeichne mit einem X auf der Skala) und mein Zustand danach (kennzeichne mit einem O auf der Skala)

Physisch 0 ______________ 10

Mental 0 ______________ 10

Sei im Hier und Jetzt

Nimm 3 bis 5 Minuten und schreibe nieder, was gerade auf deinem Herzen liegt oder dir gerade einfällt. Schreibe wie im Gedankenflug und lass jegliche Beurteilung beiseite. Falls du gerade steckst, schreibe einfach die Geräusche auf, die du gerade hörst, die Dinge, die du siehst, die Gefühle, die du gerade empfindest.

DATUM: ______________ Mo Di Mi Do Fr Sa So

ICH BIN DANKBAR FÜR:

1. ______________

2. ______________

3. ______________

Sensorische Wahrnehmung

WEM SCHENKE ICH LIEBE:

____

____

____

x x x x x x x x x x x

HEUTE NAHM ICH WAHR:

BERÜHRUNG ______________

GERUCH ______________

GESCHMACK ______________

GEHÖR ______________

SEHEN ______________

EINFACH NUR ATMEN

Meditation und tiefe Atmung

Meditation / Tiefenatmungsübung: ______ Minuten

☐ Geführt ☐ In Stille ☐ Hintergrundgeräusche / Musik ______________

☐ Mit Mantra ______________

☐ Ohne Mantra

Wie ich mich davor fühlte (kennzeichne mit einem X auf der Skala) und mein Zustand danach (kennzeichne mit einem O auf der Skala)

Physisch 0 ______________ 10

Mental 0 ______________ 10

Sei im Hier und Jetzt

Nimm 3 bis 5 Minuten und schreibe nieder, was gerade auf deinem Herzen liegt oder dir gerade einfällt. Schreibe wie im Gedankenflug und lass jegliche Beurteilung beiseite. Falls du gerade steckst, schreibe einfach die Geräusche auf, die du gerade hörst, die Dinge, die du siehst, die Gefühle, die du gerade empfindest.

DATUM: ______ Mo Di Mi Do Fr Sa So

ICH BIN DANKBAR FÜR:

1. ______

2. ______

3. ______

Sensorische Wahrnehmung

WEM SCHENKE ICH LIEBE:

______

______

______

x x x x x x x x x x x

HEUTE NAHM ICH WAHR:

BERÜHRUNG ______

GERUCH ______

GESCHMACK ______

GEHÖR ______

SEHEN ______

EINFACH NUR ATMEN

Meditation und tiefe Atmung

Meditation / Tiefenatmungsübung: ______ Minuten

☐ Geführt ☐ In Stille ☐ Hintergrundgeräusche / Musik ______

☐ Mit Mantra ______

☐ Ohne Mantra

Wie ich mich davor fühlte (kennzeichne mit einem X auf der Skala) und mein Zustand danach (kennzeichne mit einem O auf der Skala)

Physisch 0 ______ 10

Mental 0 ______ 10

Sei im Hier und Jetzt

Nimm 3 bis 5 Minuten und schreibe nieder, was gerade auf deinem Herzen liegt oder dir gerade einfällt. Schreibe wie im Gedankenflug und lass jegliche Beurteilung beiseite. Falls du gerade steckst, schreibe einfach die Geräusche auf, die du gerade hörst, die Dinge, die du siehst, die Gefühle, die du gerade empfindest.

Achte bewusst auf deine Umgebung.

Ein achtsamer Moment

Oft essen wir mit Unbedacht und schlingen unser Brot am Schreibtisch in kaum 15 Minuten runter oder chillen vorm Fernseher mit einer Tüte Kartoffelchips. Dieses Verhalten führt dazu, dass wir uns immer mehr von dem Essen loslösen, dass uns eigentlich nährt. Suche dir heute eine Mahlzeit aus, um achtsames Essen auszuüben. Beschreibe, wie du deine Speise vorbereitet hast und wie sie geschmeckt hat. Schreibe die verschiedenen Geschmäcker, die Konsistenz und die Geschmackskombinationen nieder, während du bewusst beim Esstisch sitzt und dein Essen genießt.

DATUM: ____________ Mo Di Mi Do Fr Sa So

ICH BIN DANKBAR FÜR:

1. ____________

2. ____________

3. ____________

Sensorische Wahrnehmung

WEM SCHENKE ICH LIEBE:

____

____

____

X X X X X X X X X X X

HEUTE NAHM ICH WAHR:

BERÜHRUNG ____________

GERUCH ____________

GESCHMACK ____________

GEHÖR ____________

SEHEN ____________

EINFACH NUR ATMEN

Meditation und tiefe Atmung

Meditation / Tiefenatmungsübung: ______ Minuten

☐ Geführt ☐ In Stille ☐ Hintergrundgeräusche / Musik ____________

☐ Mit Mantra ____________

☐ Ohne Mantra

Wie ich mich davor fühlte (kennzeichne mit einem X auf der Skala) und mein Zustand danach (kennzeichne mit einem O auf der Skala)

Physisch 0 ____________ 10

Mental 0 ____________ 10

Sei im Hier und Jetzt

Nimm 3 bis 5 Minuten und schreibe nieder, was gerade auf deinem Herzen liegt oder dir gerade einfällt. Schreibe wie im Gedankenflug und lass jegliche Beurteilung beiseite. Falls du gerade steckst, schreibe einfach die Geräusche auf, die du gerade hörst, die Dinge, die du siehst, die Gefühle, die du gerade empfindest.

DATUM: ______________ Mo Di Mi Do Fr Sa So

ICH BIN DANKBAR FÜR:

1. ______________

2. ______________

3. ______________

Sensorische Wahrnehmung

WEM SCHENKE ICH LIEBE:

____

____

____

X X X X X X X X X X X

HEUTE NAHM ICH WAHR:

BERÜHRUNG ______________

GERUCH ______________

GESCHMACK ______________

GEHÖR ______________

SEHEN ______________

EINFACH NUR ATMEN

Meditation und tiefe Atmung

Meditation / Tiefenatmungsübung: ______ Minuten

☐ Geführt ☐ In Stille ☐ Hintergrundgeräusche / Musik ______________

☐ Mit Mantra ______________

☐ Ohne Mantra

Wie ich mich davor fühlte (kennzeichne mit einem X auf der Skala) und mein Zustand danach (kennzeichne mit einem O auf der Skala)

Physisch 0 ______________ 10

Mental 0 ______________ 10

Sei im Hier und Jetzt

Nimm 3 bis 5 Minuten und schreibe nieder, was gerade auf deinem Herzen liegt oder dir gerade einfällt. Schreibe wie im Gedankenflug und lass jegliche Beurteilung beiseite. Falls du gerade steckst, schreibe einfach die Geräusche auf, die du gerade hörst, die Dinge, die du siehst, die Gefühle, die du gerade empfindest.

DATUM: .... Mo Di Mi Do Fr Sa So

ICH BIN DANKBAR FÜR:

1. ....

2. ....

3. ....

Sensorische Wahrnehmung

WEM SCHENKE ICH LIEBE:

....

....

....

X X X X X X X X X X X

HEUTE NAHM ICH WAHR:

BERÜHRUNG ....

GERUCH ....

GESCHMACK ....

GEHÖR ....

SEHEN ....

EINFACH NUR ATMEN

Meditation und tiefe Atmung

Meditation / Tiefenatmungsübung: ______ Minuten

☐ Geführt ☐ In Stille ☐ Hintergrundgeräusche / Musik ....

☐ Mit Mantra ....

☐ Ohne Mantra

Wie ich mich davor fühlte (kennzeichne mit einem X auf der Skala) und mein Zustand danach (kennzeichne mit einem O auf der Skala)

Physisch 0 10

Mental 0 10

Sei im Hier und Jetzt

Nimm 3 bis 5 Minuten und schreibe nieder, was gerade auf deinem Herzen liegt oder dir gerade einfällt. Schreibe wie im Gedankenflug und lass jegliche Beurteilung beiseite. Falls du gerade steckst, schreibe einfach die Geräusche auf, die du gerade hörst, die Dinge, die du siehst, die Gefühle, die du gerade empfindest.

DATUM: ______________ Mo Di Mi Do Fr Sa So

ICH BIN DANKBAR FÜR:

1. ______________

2. ______________

3. ______________

Sensorische Wahrnehmung

WEM SCHENKE ICH LIEBE:

____

____

____

X X X X X X X X X X X

HEUTE NAHM ICH WAHR:

BERÜHRUNG ______________

GERUCH ______________

GESCHMACK ______________

GEHÖR ______________

SEHEN ______________

EINFACH NUR ATMEN

Meditation und tiefe Atmung

Meditation / Tiefenatmungsübung: ______ Minuten

☐ Geführt ☐ In Stille ☐ Hintergrundgeräusche / Musik ______________

☐ Mit Mantra ______________

☐ Ohne Mantra

Wie ich mich davor fühlte (kennzeichne mit einem X auf der Skala) und mein Zustand danach (kennzeichne mit einem O auf der Skala)

Physisch 0 ______________ 10

Mental 0 ______________ 10

Sei im Hier und Jetzt

Nimm 3 bis 5 Minuten und schreibe nieder, was gerade auf deinem Herzen liegt oder dir gerade einfällt. Schreibe wie im Gedankenflug und lass jegliche Beurteilung beiseite. Falls du gerade steckst, schreibe einfach die Geräusche auf, die du gerade hörst, die Dinge, die du siehst, die Gefühle, die du gerade empfindest.

DATUM: ______________ Mo Di Mi Do Fr Sa So

ICH BIN DANKBAR FÜR:

1. ______________

2. ______________

3. ______________

Sensorische Wahrnehmung

WEM SCHENKE ICH LIEBE:

____

____

____

X X X X X X X X X X X

HEUTE NAHM ICH WAHR:

BERÜHRUNG ______________

GERUCH ______________

GESCHMACK ______________

GEHÖR ______________

SEHEN ______________

EINFACH NUR ATMEN

Meditation und tiefe Atmung

Meditation / Tiefenatmungsübung: ______ Minuten

☐ Geführt ☐ In Stille ☐ Hintergrundgeräusche / Musik ______________

☐ Mit Mantra ______________

☐ Ohne Mantra

Wie ich mich davor fühlte (kennzeichne mit einem X auf der Skala) und mein Zustand danach (kennzeichne mit einem O auf der Skala)

Physisch 0 ______________ 10

Mental 0 ______________ 10

Sei im Hier und Jetzt

Nimm 3 bis 5 Minuten und schreibe nieder, was gerade auf deinem Herzen liegt oder dir gerade einfällt. Schreibe wie im Gedankenflug und lass jegliche Beurteilung beiseite. Falls du gerade steckst, schreibe einfach die Geräusche auf, die du gerade hörst, die Dinge, die du siehst, die Gefühle, die du gerade empfindest.

Tiefe Atmungen
sind Liebesworte für
deinen Körper.

Ein achtsamer Moment

Geh mal in einer Gegend spazieren, wo du dich wohl fühlst und gut auskennst, wie zum Beispiel in einem benachbarten Park oder deiner Umgebung. Anstatt unbewusst immer den gleichen Weg zu nehmen, mach die Augen auf, und betrachte, was du siehst, was du hörst und du normalerweise nicht bemerken würdest. Sei es der alberne Gartenzwerg eines Nachbarn, das satte Grün des Rasens oder das Rascheln der Blätter in den Bäumen. Geh dann nachhause und beschreibe die Schönheit, die du heute beobachtet hast und sonst übersehen hättest. Diese Übung hilft, uns im Augenblick zu verankern und bewusst die alltäglichen Aktivitäten wahrzunehmen.

DATUM: ________ Mo Di Mi Do Fr Sa So

ICH BIN DANKBAR FÜR:

1. ________

2. ________

3. ________

Sensorische Wahrnehmung

WEM SCHENKE ICH LIEBE:

____

____

____

X X X X X X X X X X X

HEUTE NAHM ICH WAHR:

BERÜHRUNG ________

GERUCH ________

GESCHMACK ________

GEHÖR ________

SEHEN ________

EINFACH NUR ATMEN

Meditation und tiefe Atmung

Meditation / Tiefenatmungsübung: ______ Minuten

☐ Geführt ☐ In Stille ☐ Hintergrundgeräusche / Musik ________

☐ Mit Mantra ________

☐ Ohne Mantra

Wie ich mich davor fühlte (kennzeichne mit einem X auf der Skala) und mein Zustand danach (kennzeichne mit einem O auf der Skala)

Physisch 0 ________ 10

Mental 0 ________ 10

Sei im Hier und Jetzt

Nimm 3 bis 5 Minuten und schreibe nieder, was gerade auf deinem Herzen liegt oder dir gerade einfällt. Schreibe wie im Gedankenflug und lass jegliche Beurteilung beiseite. Falls du gerade steckst, schreibe einfach die Geräusche auf, die du gerade hörst, die Dinge, die du siehst, die Gefühle, die du gerade empfindest.

DATUM: ______ Mo Di Mi Do Fr Sa So

ICH BIN DANKBAR FÜR:

1. ______

2. ______

3. ______

Sensorische Wahrnehmung

WEM SCHENKE ICH LIEBE:

______

______

______

× × × × × × × × × × ×

HEUTE NAHM ICH WAHR:

BERÜHRUNG ______

GERUCH ______

GESCHMACK ______

GEHÖR ______

SEHEN ______

EINFACH NUR ATMEN

Meditation und tiefe Atmung

Meditation / Tiefenatmungsübung: ______ Minuten

☐ Geführt ☐ In Stille ☐ Hintergrundgeräusche / Musik ______

☐ Mit Mantra ______

☐ Ohne Mantra

Wie ich mich davor fühlte (kennzeichne mit einem X auf der Skala) und mein Zustand danach (kennzeichne mit einem O auf der Skala)

Physisch 0 ______ 10

Mental 0 ______ 10

Sei im Hier und Jetzt

Nimm 3 bis 5 Minuten und schreibe nieder, was gerade auf deinem Herzen liegt oder dir gerade einfällt. Schreibe wie im Gedankenflug und lass jegliche Beurteilung beiseite. Falls du gerade steckst, schreibe einfach die Geräusche auf, die du gerade hörst, die Dinge, die du siehst, die Gefühle, die du gerade empfindest.

DATUM: ______ Mo Di Mi Do Fr Sa So

ICH BIN DANKBAR FÜR:

1. ______

2. ______

3. ______

Sensorische Wahrnehmung

WEM SCHENKE ICH LIEBE:

______

______

______

× × × × × × × × × × ×

HEUTE NAHM ICH WAHR:

BERÜHRUNG ______

GERUCH ______

GESCHMACK ______

GEHÖR ______

SEHEN ______

EINFACH NUR ATMEN

Meditation und tiefe Atmung

Meditation / Tiefenatmungsübung: ______ Minuten

☐ Geführt ☐ In Stille ☐ Hintergrundgeräusche / Musik ______

☐ Mit Mantra ______

☐ Ohne Mantra

Wie ich mich davor fühlte (kennzeichne mit einem X auf der Skala) und mein Zustand danach (kennzeichne mit einem O auf der Skala)

Physisch 0 ______ 10

Mental 0 ______ 10

Sei im Hier und Jetzt

Nimm 3 bis 5 Minuten und schreibe nieder, was gerade auf deinem Herzen liegt oder dir gerade einfällt. Schreibe wie im Gedankenflug und lass jegliche Beurteilung beiseite. Falls du gerade steckst, schreibe einfach die Geräusche auf, die du gerade hörst, die Dinge, die du siehst, die Gefühle, die du gerade empfindest.

DATUM: ______ Mo Di Mi Do Fr Sa So

ICH BIN DANKBAR FÜR:

1. ______

2. ______

3. ______

Sensorische Wahrnehmung

WEM SCHENKE ICH LIEBE:

______

______

______

× × × × × × × × × × ×

HEUTE NAHM ICH WAHR:

BERÜHRUNG ______

GERUCH ______

GESCHMACK ______

GEHÖR ______

SEHEN ______

EINFACH NUR ATMEN

Meditation und tiefe Atmung

Meditation / Tiefenatmungsübung: ______ Minuten

☐ Geführt ☐ In Stille ☐ Hintergrundgeräusche / Musik ______

☐ Mit Mantra ______

☐ Ohne Mantra

Wie ich mich davor fühlte (kennzeichne mit einem X auf der Skala) und mein Zustand danach (kennzeichne mit einem O auf der Skala)

Physisch 0 ______ 10

Mental 0 ______ 10

Sei im Hier und Jetzt

Nimm 3 bis 5 Minuten und schreibe nieder, was gerade auf deinem Herzen liegt oder dir gerade einfällt. Schreibe wie im Gedankenflug und lass jegliche Beurteilung beiseite. Falls du gerade steckst, schreibe einfach die Geräusche auf, die du gerade hörst, die Dinge, die du siehst, die Gefühle, die du gerade empfindest.

DATUM: ______ Mo Di Mi Do Fr Sa So

ICH BIN DANKBAR FÜR:

1. ______

2. ______

3. ______

Sensorische Wahrnehmung

WEM SCHENKE ICH LIEBE:

______

______

______

× × × × × × × × × × ×

HEUTE NAHM ICH WAHR:

BERÜHRUNG ______

GERUCH ______

GESCHMACK ______

GEHÖR ______

SEHEN ______

EINFACH NUR ATMEN

Meditation und tiefe Atmung

Meditation / Tiefenatmungsübung: ______ Minuten

☐ Geführt ☐ In Stille ☐ Hintergrundgeräusche / Musik ______

☐ Mit Mantra ______

☐ Ohne Mantra

Wie ich mich davor fühlte (kennzeichne mit einem X auf der Skala) und mein Zustand danach (kennzeichne mit einem O auf der Skala)

Physisch 0 ______ 10

Mental 0 ______ 10

Sei im Hier und Jetzt

Nimm 3 bis 5 Minuten und schreibe nieder, was gerade auf deinem Herzen liegt oder dir gerade einfällt. Schreibe wie im Gedankenflug und lass jegliche Beurteilung beiseite. Falls du gerade steckst, schreibe einfach die Geräusche auf, die du gerade hörst, die Dinge, die du siehst, die Gefühle, die du gerade empfindest.

Im Leben geht es nur darum, was in diesem Moment geschieht.

Ein achtsamer Moment

Heutzutage ist fast alles nur ein Mausklick entfernt. Es gibt nichts, was man nicht im Internet kaufen kann. Von Lebensmitteln bis hin zu Luxusartikeln wird alles vor deine Tür geliefert, und zwar tagtäglich. Wichtig ist es, achtsam die materiellen Dinge wahrzunehmen, die wir besitzen, und zu überlegen, was sie für uns bedeuten. Stelle für diese Übung einen Gegenstand vor dich hin, den du kürzlich gekauft hast *oder* kauf einen billigen Artikel, der dir Freude bereitet. Dabei soll es etwas Einfaches sein, wie zum Beispiel frische Schnittblumen, ein neues Buch oder einen lustigen Kugelschreiber. Schreibe zunächst alle seine Merkmale auf. Achte auf Details wie Form, Farbe, Größe, Geruch. Beschreibe dann, wie du dich dabei fühlst, wie es dir Freude bereitet. Wie benutzt du diesen Gegenstand und warum magst du ihn?

DATUM: ______ Mo Di Mi Do Fr Sa So

ICH BIN DANKBAR FÜR:

1. ______

2. ______

3. ______

Sensorische Wahrnehmung

WEM SCHENKE ICH LIEBE:

______

______

______

x x x x x x x x x x x

HEUTE NAHM ICH WAHR:

BERÜHRUNG ______

GERUCH ______

GESCHMACK ______

GEHÖR ______

SEHEN ______

EINFACH NUR ATMEN

Meditation und tiefe Atmung

Meditation / Tiefenatmungsübung: ______ Minuten

☐ Geführt ☐ In Stille ☐ Hintergrundgeräusche / Musik ______

☐ Mit Mantra ______

☐ Ohne Mantra

Wie ich mich davor fühlte (kennzeichne mit einem X auf der Skala) und mein Zustand danach (kennzeichne mit einem O auf der Skala)

Physisch 0 ______ 10

Mental 0 ______ 10

Sei im Hier und Jetzt

Nimm 3 bis 5 Minuten und schreibe nieder, was gerade auf deinem Herzen liegt oder dir gerade einfällt. Schreibe wie im Gedankenflug und lass jegliche Beurteilung beiseite. Falls du gerade steckst, schreibe einfach die Geräusche auf, die du gerade hörst, die Dinge, die du siehst, die Gefühle, die du gerade empfindest.

DATUM: ____________ Mo Di Mi Do Fr Sa So

ICH BIN DANKBAR FÜR:

1. ____________

2. ____________

3. ____________

Sensorische Wahrnehmung

WEM SCHENKE ICH LIEBE:

____

____

____

X X X X X X X X X X X

HEUTE NAHM ICH WAHR:

BERÜHRUNG ____________

GERUCH ____________

GESCHMACK ____________

GEHÖR ____________

SEHEN ____________

EINFACH NUR ATMEN

Meditation und tiefe Atmung

Meditation / Tiefenatmungsübung: ______ Minuten

☐ Geführt ☐ In Stille ☐ Hintergrundgeräusche / Musik ____________

☐ Mit Mantra ____________

☐ Ohne Mantra

Wie ich mich davor fühlte (kennzeichne mit einem X auf der Skala) und mein Zustand danach (kennzeichne mit einem O auf der Skala)

Physisch 0 ____________ 10

Mental 0 ____________ 10

Sei im Hier und Jetzt

Nimm 3 bis 5 Minuten und schreibe nieder, was gerade auf deinem Herzen liegt oder dir gerade einfällt. Schreibe wie im Gedankenflug und lass jegliche Beurteilung beiseite. Falls du gerade steckst, schreibe einfach die Geräusche auf, die du gerade hörst, die Dinge, die du siehst, die Gefühle, die du gerade empfindest.

DATUM: ______________ Mo Di Mi Do Fr Sa So

ICH BIN DANKBAR FÜR:

1. ______________

2. ______________

3. ______________

Sensorische Wahrnehmung

WEM SCHENKE ICH LIEBE:

____

____

____

X X X X X X X X X X X

HEUTE NAHM ICH WAHR:

BERÜHRUNG ______________

GERUCH ______________

GESCHMACK ______________

GEHÖR ______________

SEHEN ______________

EINFACH NUR ATMEN

Meditation und tiefe Atmung

Meditation / Tiefenatmungsübung: ______ Minuten

☐ Geführt ☐ In Stille ☐ Hintergrundgeräusche / Musik ______________

☐ Mit Mantra ______________

☐ Ohne Mantra

Wie ich mich davor fühlte (kennzeichne mit einem X auf der Skala) und mein Zustand danach (kennzeichne mit einem O auf der Skala)

Physisch 0 ______________ 10

Mental 0 ______________ 10

Sei im Hier und Jetzt

Nimm 3 bis 5 Minuten und schreibe nieder, was gerade auf deinem Herzen liegt oder dir gerade einfällt. Schreibe wie im Gedankenflug und lass jegliche Beurteilung beiseite. Falls du gerade steckst, schreibe einfach die Geräusche auf, die du gerade hörst, die Dinge, die du siehst, die Gefühle, die du gerade empfindest.

DATUM: ______ Mo Di Mi Do Fr Sa So

ICH BIN DANKBAR FÜR:

1. ______

2. ______

3. ______

Sensorische Wahrnehmung

WEM SCHENKE ICH LIEBE:

______

______

______

X X X X X X X X X X X

HEUTE NAHM ICH WAHR:

BERÜHRUNG ______

GERUCH ______

GESCHMACK ______

GEHÖR ______

SEHEN ______

EINFACH NUR ATMEN

Meditation und tiefe Atmung

Meditation / Tiefenatmungsübung: ______ Minuten

☐ Geführt ☐ In Stille ☐ Hintergrundgeräusche / Musik ______

☐ Mit Mantra ______

☐ Ohne Mantra

Wie ich mich davor fühlte (kennzeichne mit einem X auf der Skala) und mein Zustand danach (kennzeichne mit einem O auf der Skala)

Physisch 0 ______ 10

Mental 0 ______ 10

Sei im Hier und Jetzt

Nimm 3 bis 5 Minuten und schreibe nieder, was gerade auf deinem Herzen liegt oder dir gerade einfällt. Schreibe wie im Gedankenflug und lass jegliche Beurteilung beiseite. Falls du gerade steckst, schreibe einfach die Geräusche auf, die du gerade hörst, die Dinge, die du siehst, die Gefühle, die du gerade empfindest.

DATUM: ____________ Mo Di Mi Do Fr Sa So

ICH BIN DANKBAR FÜR:

1. ____________

2. ____________

3. ____________

Sensorische Wahrnehmung

WEM SCHENKE ICH LIEBE:

____

____

____

× × × × × × × × × X X

HEUTE NAHM ICH WAHR:

BERÜHRUNG ____________

GERUCH ____________

GESCHMACK ____________

GEHÖR ____________

SEHEN ____________

EINFACH NUR ATMEN

Meditation und tiefe Atmung

Meditation / Tiefenatmungsübung: ______ Minuten

☐ Geführt ☐ In Stille ☐ Hintergrundgeräusche / Musik ____________

☐ Mit Mantra ____________

☐ Ohne Mantra

Wie ich mich davor fühlte (kennzeichne mit einem X auf der Skala) und mein Zustand danach (kennzeichne mit einem O auf der Skala)

Physisch 0 ____________ 10

Mental 0 ____________ 10

Sei im Hier und Jetzt

Nimm 3 bis 5 Minuten und schreibe nieder, was gerade auf deinem Herzen liegt oder dir gerade einfällt. Schreibe wie im Gedankenflug und lass jegliche Beurteilung beiseite. Falls du gerade steckst, schreibe einfach die Geräusche auf, die du gerade hörst, die Dinge, die du siehst, die Gefühle, die du gerade empfindest.

Der Schlüssel gegen Angst heißt Achtsamkeit.

Ein achtsamer Moment

Suche dir heute eine Hausarbeit, die du sonst nicht so gerne machst oder oft aufschiebst, wie zum Beispiel Geschirrspüler ausräumen, zur Reinigung fahren, oder die Fliesen in der Dusche schrubben. Anstatt das alles ungern zu machen, versuche heute diese Arbeiten bewusst zu tätigen. Beschreibe die Arbeit und wie gut du dich dabei gefühlt hast, als sie erledigt wurde. Danke deinem Körper dafür, dass du sie zu Ende führen konntest und nutze diese Zeit, Tiefatmungsübungen durchzuführen.

DATUM: ______________ Mo Di Mi Do Fr Sa So

ICH BIN DANKBAR FÜR:

1. ______________

2. ______________

3. ______________

Sensorische Wahrnehmung

WEM SCHENKE ICH LIEBE:

____

____

____

X X X X X X X X X X X

HEUTE NAHM ICH WAHR:

BERÜHRUNG ______________

GERUCH ______________

GESCHMACK ______________

GEHÖR ______________

SEHEN ______________

EINFACH NUR ATMEN

Meditation und tiefe Atmung

Meditation / Tiefenatmungsübung: ______ Minuten

☐ Geführt ☐ In Stille ☐ Hintergrundgeräusche / Musik ______________

☐ Mit Mantra ______________

☐ Ohne Mantra

Wie ich mich davor fühlte (kennzeichne mit einem X auf der Skala) und mein Zustand danach (kennzeichne mit einem O auf der Skala)

Physisch 0 ______________ 10

Mental 0 ______________ 10

Sei im Hier und Jetzt

Nimm 3 bis 5 Minuten und schreibe nieder, was gerade auf deinem Herzen liegt oder dir gerade einfällt. Schreibe wie im Gedankenflug und lass jegliche Beurteilung beiseite. Falls du gerade steckst, schreibe einfach die Geräusche auf, die du gerade hörst, die Dinge, die du siehst, die Gefühle, die du gerade empfindest.

DATUM: ________ Mo Di Mi Do Fr Sa So

ICH BIN DANKBAR FÜR:

1. ________

2. ________

3. ________

Sensorische Wahrnehmung

WEM SCHENKE ICH LIEBE:

____

____

____

X X X X X X X X X X X

HEUTE NAHM ICH WAHR:

BERÜHRUNG ________

GERUCH ________

GESCHMACK ________

GEHÖR ________

SEHEN ________

EINFACH NUR ATMEN

Meditation und tiefe Atmung

Meditation / Tiefenatmungsübung: ______ Minuten

☐ Geführt ☐ In Stille ☐ Hintergrundgeräusche / Musik ________

☐ Mit Mantra ________

☐ Ohne Mantra

Wie ich mich davor fühlte (kennzeichne mit einem X auf der Skala) und mein Zustand danach (kennzeichne mit einem O auf der Skala)

Physisch 0 ________ 10

Mental 0 ________ 10

Sei im Hier und Jetzt

Nimm 3 bis 5 Minuten und schreibe nieder, was gerade auf deinem Herzen liegt oder dir gerade einfällt. Schreibe wie im Gedankenflug und lass jegliche Beurteilung beiseite. Falls du gerade steckst, schreibe einfach die Geräusche auf, die du gerade hörst, die Dinge, die du siehst, die Gefühle, die du gerade empfindest.

DATUM: .... Mo Di Mi Do Fr Sa So

ICH BIN DANKBAR FÜR:

1. ....

2. ....

3. ....

Sensorische Wahrnehmung

WEM SCHENKE ICH LIEBE:

....

....

....

× × × × × × × × × × ×

HEUTE NAHM ICH WAHR:

BERÜHRUNG ....

GERUCH ....

GESCHMACK ....

GEHÖR ....

SEHEN ....

EINFACH NUR ATMEN

Meditation und tiefe Atmung

Meditation / Tiefenatmungsübung: ______ Minuten

☐ Geführt ☐ In Stille ☐ Hintergrundgeräusche / Musik ....

☐ Mit Mantra ....

☐ Ohne Mantra

Wie ich mich davor fühlte (kennzeichne mit einem X auf der Skala) und mein Zustand danach (kennzeichne mit einem O auf der Skala)

Physisch 0 10

Mental 0 10

Sei im Hier und Jetzt

Nimm 3 bis 5 Minuten und schreibe nieder, was gerade auf deinem Herzen liegt oder dir gerade einfällt. Schreibe wie im Gedankenflug und lass jegliche Beurteilung beiseite. Falls du gerade steckst, schreibe einfach die Geräusche auf, die du gerade hörst, die Dinge, die du siehst, die Gefühle, die du gerade empfindest.

DATUM: ________ Mo Di Mi Do Fr Sa So

ICH BIN DANKBAR FÜR:

1. ________

2. ________

3. ________

Sensorische Wahrnehmung

WEM SCHENKE ICH LIEBE:

____

____

____

x x x x x x x x x x x

HEUTE NAHM ICH WAHR:

BERÜHRUNG ________

GERUCH ________

GESCHMACK ________

GEHÖR ________

SEHEN ________

EINFACH NUR ATMEN

Meditation und tiefe Atmung

Meditation / Tiefenatmungsübung: ______ Minuten

☐ Geführt ☐ In Stille ☐ Hintergrundgeräusche / Musik ________

☐ Mit Mantra ________

☐ Ohne Mantra

Wie ich mich davor fühlte (kennzeichne mit einem X auf der Skala) und mein Zustand danach (kennzeichne mit einem O auf der Skala)

Physisch 0 ________ 10

Mental 0 ________ 10

Sei im Hier und Jetzt

Nimm 3 bis 5 Minuten und schreibe nieder, was gerade auf deinem Herzen liegt oder dir gerade einfällt. Schreibe wie im Gedankenflug und lass jegliche Beurteilung beiseite. Falls du gerade steckst, schreibe einfach die Geräusche auf, die du gerade hörst, die Dinge, die du siehst, die Gefühle, die du gerade empfindest.

DATUM: ____________ Mo Di Mi Do Fr Sa So

ICH BIN DANKBAR FÜR:

1. ____________

2. ____________

3. ____________

Sensorische Wahrnehmung

WEM SCHENKE ICH LIEBE:

____

____

____

X X X X X X X X X X X

HEUTE NAHM ICH WAHR:

BERÜHRUNG ____________

GERUCH ____________

GESCHMACK ____________

GEHÖR ____________

SEHEN ____________

EINFACH NUR ATMEN

Meditation und tiefe Atmung

Meditation / Tiefenatmungsübung: ______ Minuten

☐ Geführt ☐ In Stille ☐ Hintergrundgeräusche / Musik ____________

☐ Mit Mantra ____________

☐ Ohne Mantra

Wie ich mich davor fühlte (kennzeichne mit einem X auf der Skala) und mein Zustand danach (kennzeichne mit einem O auf der Skala)

Physisch 0 ____________ 10

Mental 0 ____________ 10

Sei im Hier und Jetzt

Nimm 3 bis 5 Minuten und schreibe nieder, was gerade auf deinem Herzen liegt oder dir gerade einfällt. Schreibe wie im Gedankenflug und lass jegliche Beurteilung beiseite. Falls du gerade steckst, schreibe einfach die Geräusche auf, die du gerade hörst, die Dinge, die du siehst, die Gefühle, die du gerade empfindest.

Mit jeder Einatmung
werde ich ruhiger.

Ein achtsamer Moment

Schreibe zumindest 25 verschiedene Dinge im Laufe deines Tages auf, für die du dankbar bist. Dich zu zwingen, eine Liste zu schreiben, wird dir helfen, dich auf die kleinen Dinge zu konzentrieren, die bei dir Dankbarkeit hervorrufen. Es können kleine Dinge sein, wie zum Beispiel eine reife Avocado finden, das kuscheligste Sweatshirt tragen oder ein SMS von einer Freundin oder einem Familienmitglied bekommen.

DATUM: ______ Mo Di Mi Do Fr Sa So

ICH BIN DANKBAR FÜR:

1. ______

2. ______

3. ______

Sensorische Wahrnehmung

WEM SCHENKE ICH LIEBE:

______

______

______

× × × × × × × × × × ×

HEUTE NAHM ICH WAHR:

BERÜHRUNG ______

GERUCH ______

GESCHMACK ______

GEHÖR ______

SEHEN ______

EINFACH NUR ATMEN

Meditation und tiefe Atmung

Meditation / Tiefenatmungsübung: ______ Minuten

☐ Geführt ☐ In Stille ☐ Hintergrundgeräusche / Musik ______

☐ Mit Mantra ______

☐ Ohne Mantra

Wie ich mich davor fühlte (kennzeichne mit einem X auf der Skala) und mein Zustand danach (kennzeichne mit einem O auf der Skala)

Physisch 0 ______ 10

Mental 0 ______ 10

Sei im Hier und Jetzt

Nimm 3 bis 5 Minuten und schreibe nieder, was gerade auf deinem Herzen liegt oder dir gerade einfällt. Schreibe wie im Gedankenflug und lass jegliche Beurteilung beiseite. Falls du gerade steckst, schreibe einfach die Geräusche auf, die du gerade hörst, die Dinge, die du siehst, die Gefühle, die du gerade empfindest.

DATUM: ______ Mo Di Mi Do Fr Sa So

ICH BIN DANKBAR FÜR:

1. ______

2. ______

3. ______

Sensorische Wahrnehmung

WEM SCHENKE ICH LIEBE:

______

______

______

× × × × × × × × × × ×

HEUTE NAHM ICH WAHR:

BERÜHRUNG ______

GERUCH ______

GESCHMACK ______

GEHÖR ______

SEHEN ______

EINFACH NUR ATMEN

Meditation und tiefe Atmung

Meditation / Tiefenatmungsübung: ______ Minuten

☐ Geführt ☐ In Stille ☐ Hintergrundgeräusche / Musik ______

☐ Mit Mantra ______

☐ Ohne Mantra

Wie ich mich davor fühlte (kennzeichne mit einem X auf der Skala) und mein Zustand danach (kennzeichne mit einem O auf der Skala)

Physisch 0 ______ 10

Mental 0 ______ 10

Sei im Hier und Jetzt

Nimm 3 bis 5 Minuten und schreibe nieder, was gerade auf deinem Herzen liegt oder dir gerade einfällt. Schreibe wie im Gedankenflug und lass jegliche Beurteilung beiseite. Falls du gerade steckst, schreibe einfach die Geräusche auf, die du gerade hörst, die Dinge, die du siehst, die Gefühle, die du gerade empfindest.

DATUM: ______ Mo Di Mi Do Fr Sa So

ICH BIN DANKBAR FÜR:

1. ______

2. ______

3. ______

Sensorische Wahrnehmung

WEM SCHENKE ICH LIEBE:

______

______

______

X X X X X X X X X X X

HEUTE NAHM ICH WAHR:

BERÜHRUNG ______

GERUCH ______

GESCHMACK ______

GEHÖR ______

SEHEN ______

EINFACH NUR ATMEN

Meditation und tiefe Atmung

Meditation / Tiefenatmungsübung: ______ Minuten

☐ Geführt ☐ In Stille ☐ Hintergrundgeräusche / Musik ______

☐ Mit Mantra ______

☐ Ohne Mantra

Wie ich mich davor fühlte (kennzeichne mit einem X auf der Skala) und mein Zustand danach (kennzeichne mit einem O auf der Skala)

Physisch 0 ______ 10

Mental 0 ______ 10

Sei im Hier und Jetzt

Nimm 3 bis 5 Minuten und schreibe nieder, was gerade auf deinem Herzen liegt oder dir gerade einfällt. Schreibe wie im Gedankenflug und lass jegliche Beurteilung beiseite. Falls du gerade steckst, schreibe einfach die Geräusche auf, die du gerade hörst, die Dinge, die du siehst, die Gefühle, die du gerade empfindest.

DATUM: ______ Mo Di Mi Do Fr Sa So

ICH BIN DANKBAR FÜR:

1. ______

2. ______

3. ______

Sensorische Wahrnehmung

WEM SCHENKE ICH LIEBE:

______

______

______

× × × × × × × × × × ×

HEUTE NAHM ICH WAHR:

BERÜHRUNG ______

GERUCH ______

GESCHMACK ______

GEHÖR ______

SEHEN ______

EINFACH NUR ATMEN

Meditation und tiefe Atmung

Meditation / Tiefenatmungsübung: ______ Minuten

☐ Geführt ☐ In Stille ☐ Hintergrundgeräusche / Musik ______

☐ Mit Mantra ______

☐ Ohne Mantra

Wie ich mich davor fühlte (kennzeichne mit einem X auf der Skala) und mein Zustand danach (kennzeichne mit einem O auf der Skala)

Physisch 0 ______ 10

Mental 0 ______ 10

Sei im Hier und Jetzt

Nimm 3 bis 5 Minuten und schreibe nieder, was gerade auf deinem Herzen liegt oder dir gerade einfällt. Schreibe wie im Gedankenflug und lass jegliche Beurteilung beiseite. Falls du gerade steckst, schreibe einfach die Geräusche auf, die du gerade hörst, die Dinge, die du siehst, die Gefühle, die du gerade empfindest.

DATUM: ______________ Mo Di Mi Do Fr Sa So

ICH BIN DANKBAR FÜR:

1. ______________

2. ______________

3. ______________

Sensorische Wahrnehmung

WEM SCHENKE ICH LIEBE:

____

____

____

X X X X X X X X X X X

HEUTE NAHM ICH WAHR:

BERÜHRUNG ______________

GERUCH ______________

GESCHMACK ______________

GEHÖR ______________

SEHEN ______________

EINFACH NUR ATMEN

Meditation und tiefe Atmung

Meditation / Tiefenatmungsübung: ______ Minuten

☐ Geführt ☐ In Stille ☐ Hintergrundgeräusche / Musik ______________

☐ Mit Mantra ______________

☐ Ohne Mantra

Wie ich mich davor fühlte (kennzeichne mit einem X auf der Skala) und mein Zustand danach (kennzeichne mit einem O auf der Skala)

Physisch 0 ______________ 10

Mental 0 ______________ 10

Sei im Hier und Jetzt

Nimm 3 bis 5 Minuten und schreibe nieder, was gerade auf deinem Herzen liegt oder dir gerade einfällt. Schreibe wie im Gedankenflug und lass jegliche Beurteilung beiseite. Falls du gerade steckst, schreibe einfach die Geräusche auf, die du gerade hörst, die Dinge, die du siehst, die Gefühle, die du gerade empfindest.

Dem Körper kommt Bewegung zugute, während dem Geist Ruhe zugutekommt.

Printed by Amazon Italia Logistica S.r.l.
Torrazza Piemonte (TO), Italy

25552460R00064